DAS KREUZ MIT DER SCHRIFT

Wenn die Wörter Samba tanzen

von Michael Freund

Herausgegeben vom
Bundesverband Alphabetisierung e.V.

Ernst Klett Sprachen
Barcelona Belgrad Budapest Ljubljana
London Posen Prag Sofia Stuttgart Zagreb

Bildnachweis:
U1: Bayerischer Rundfunk, München (Gerry Schläger); Seite 1, 7, 9, 13, 23, 29, 33, 37, 43, 44, 47, 53, 57, 67, 79, 83, 89, 93: Tellux-Film GmbH, München / BRalpha, München; Seite 6: Alfred Harder, Weiterstadt; Seite 94: Michael Freund, Lohr

Bibliografische Information Der Deutschen Bibliothek
Die Deutsche Bibliothek verzeichnet diese Publikation in der Deutschen Nationalbibliografie; detaillierte bibliografische Daten sind im Internet über http://dnb.ddb.de abrufbar.

1. Auflage   1 ^{5} ^{4} ^{3} ^{2} ^{1} | 2009 08 07 06 05

Alle Drucke dieser Auflage sind unverändert. Die letzte Zahl bezeichnet das Jahr des Druckes. Das Werk und seine Teile sind urheberrechtlich geschützt. Jede Nutzung in anderen als den gesetzlich zugelassenen Fällen bedarf der vorherigen schriftlichen Einwilligung des Verlags. Hinweis zu §52a UrhG: Weder das Werk noch seine Teile dürfen ohne eine solche Einwilligung eingescannt und in ein Netzwerk eingestellt werden. Dies gilt auch für Intranets von Schulen und sonstigen Bildungseinrichtungen. Fotomechanische oder andere Wiedergabeverfahren nur mit Genehmigung des Verlags.

© Bundesverband Alphabetisierung e.V., Münster, und Ernst Klett Sprachen GmbH, Stuttgart 2005.
Alle Rechte vorbehalten
Internetadresse: www.klett.de

Konzeption: Jürgen Genuneit
Redaktion: Annerose Müller, Stuttgart
Gestaltung: Marion Köster

Druck: Gulde Druck GmbH, Tübingen
Printed in Germany
ISBN-13: 978-3-12-554606-6
ISBN-10: 3-12-554606-0

**Fußball.
Alphabetisierung.
Netzwerk.**

F.A.N. ist ein Verbund-Projekt von:
Bundesverband Alphabetisierung e.V.
BR-alpha, Bildungskanal des Bayerischen Rundfunks
Deutscher Volkshochschul-Verband e.V.
– gefördert vom Bundesministerium für Bildung und Forschung.

INHALT

Vorwort 6

Billie darf nichts 7

Billie will Fußballerin werden 9

Seelenverwandt mit Sebastiao 15

Fußball verboten 21

Stress in der Klasse 27

Immer nur Ärger 32

Vorstellungsgespräch 36

Sorgen 38

Hübsch! 44

Bauchschmerzen 49

Gemüsesuppe 55

Wie eine Maus in der Falle 64

Stromausfall 71

Außenseiter 76

Ein Entschluss 84

Fußball-ABC 87

Über den Autor 94

Informationen 95

Übersicht über weitere Titel 96

VORWORT

Oliver Bierhoff, ehemaliger Fußball-Stürmer, ist seit Juli 2004 Manager der deutschen Fußball-Nationalmannschaft.

Liebe Leserinnen und Leser,

in diesem Buch geht es um Fußball
– für viele die schönste Nebensache der Welt.
Aber dieses Buch handelt auch von einem Menschen,
der nicht richtig lesen und schreiben kann.
Mehr als vier Millionen Erwachsene in Deutschland
sind vermutlich davon betroffen. Viele von ihnen
stehen im Abseits – beruflich und im Alltagsleben.

Wir sollten diesen Menschen nicht die rote Karte zeigen.
Wir wollen sie vielmehr ermutigen, ihr Leben zu ändern.
Lese- und Schreibkurse für Erwachsene gibt es
mittlerweile in fast allen größeren Orten.
Helfen Sie mit, machen Sie mit!

Spannende Unterhaltung beim Lesen wünscht
Ihr

Oliver Bierhoff

Billie darf nichts

Manchmal beneidet Billie andere Mädchen.
Vor allem die, die reiche Eltern haben.
Die haben sogar eine Putzfrau
oder ein Kindermädchen.
Die fahren auch in Urlaub. Und
die dürfen machen, was sie wollen.
Billie kommt mit ihrer Familie aus Albanien.
Und Billie darf nichts.
Nur aufräumen, putzen, waschen, kochen
und auf ihre drei kleinen Brüder aufpassen.
Heute will ihr Vater
sie nicht einmal in die Schule lassen.
„Um zehn bist du wieder da! Klar?",
befiehlt er streng.
„Wieso denn?", will sie wissen.

Aber ihr Vater hat es eilig:
„Ich muss jetzt weg.
Das hier musst du zu Mama bringen.
Außerdem müssen meine Hemden
bis Mittag gebügelt sein.
Ich fahre eine größere Tour."
Schnell gibt Billie klein bei.
Sie weiß, es hat keinen Zweck,
Vater zu widersprechen.
„Dann brauch ich eine Entschuldigung",
sagt sie nur noch.

Denn Billie hat schon öfter Ärger
in der Schule bekommen,
weil sie unentschuldigt gefehlt hat.
„Später", brummt Billies Vater
und verlässt die Wohnung.

Billie will Fußballerin werden

Billie besucht die 9. Klasse einer Hauptschule.
Sie findet die Schule gar nicht so übel.
Allerdings mag sie nur die praktischen Fächer –
wie zum Beispiel Hauswirtschaft.
Heute hat Billie wieder Hauswirtschaft.
Und sie darf etwas kochen.
Ihre Lehrerin probiert das Gericht und lobt Billie:
„Hm, das schmeckt aber gut!"
Das macht Billie ein wenig stolz.

„Hast du dir eigentlich schon mal überlegt, was
du später machen willst?", fragt Billies Lehrerin.
Billie hat sich natürlich schon überlegt,
was sie werden will.
Ihre Antwort klingt, als würde sie niemand
von ihrem Entschluss abbringen können:
„Ich will Fußballerin werden", sagt sie.

Billies Lehrerin ist überrascht.
Ein Mädchen, das Fußballerin werden will?
Sie hat noch nie davon gehört.
„Damit wirst du wohl kaum leben können.
Willst du es nicht mal als Köchin probieren?
Du machst das echt klasse.
Wenn du willst, vermittle ich dir ein Praktikum
in einer Gaststätte hier in der Stadt",
schlägt sie Billie vor.
Billie zuckt mit den Schultern.
Sie tut so, als habe sie
den Vorschlag der Lehrerin überhört.

Billie schaut auf die Uhr.
Fast halb zehn!
Billie hat ihrem Vater versprochen,
um zehn Uhr zu Hause zu sein.
Sie blickt die Lehrerin an:
„Entschuldigung, was ich fragen wollte:
Mir ist schlecht, kann ich nach Hause gehen?"
Billie tut so, als ginge es ihr wirklich schlecht.

Billie geht nicht nach Hause.
Und sie hat auch kein schlechtes Gewissen.
Denn sie will am Wochenende
unbedingt Ball-Mädchen sein.
Ball-Mädchen und Ball-Jungs sind die,
die während der Spiele in der Bundesliga
für die Fußballer die Bälle holen.
Billie ist Ball-Mädchen bei Schalke 04.
Und sie spielt auch
in der Frauen-Mannschaft von Schalke.
Auf beides ist sie stolz.

Billie liebt die Stimmung im Stadion.
Und als Ball-Mädchen ist sie
besonders nah am Spielfeld.
Wer hat schon die Möglichkeit,
den Fußball-Stars einen Ball zu zuwerfen?
Manchmal passieren dabei
ganz verrückte Sachen.

Beim letzten Heimspiel schoss
der neue Schalke-Star Sebastiao ein Supertor.
Danach ist er jubelnd
an den Rand des Spielfeldes gelaufen.
Genau dorthin, wo Billie stand.
Und er hat mit ihr Samba getanzt.
Das wurde sogar im Fernsehen gezeigt.
Billie fand Sebastiao schon
vor diesem Tanz sehr gut.
Aber nun war sie hin und weg.
Deswegen will sie Ball-Mädchen sein,
so oft, wie es ihr möglich ist.

Billies Eltern sind dagegen, dass
Billie zum Fußball geht.
Sie sind der Meinung, dass
dieser Sport nichts für Mädchen ist.
Und sie glauben, dass Billie
genug zu Hause zu tun hat.
Deshalb darf sie manchmal auch
nicht zum Training oder zum Spiel.
Und darüber ist Billie besonders verzweifelt.

Auch gestern Abend haben
ihre Eltern sie nicht weggelassen.
Deswegen hat sie
die Einteilung der Ball-Jungs und
Ball-Mädchen verpasst.
Das will sie jetzt nachholen.

Seelenverwandt mit Sebastiao

Billie spricht mit dem Vereinswart
von Schalke 04.
Der teilt die Ball-Jungs und Ball-Mädchen ein.
Sie entschuldigt sich bei ihm,
weil sie gestern nicht kommen konnte.
Der Vereinswart ist verärgert.
„Aber wenn du nächstes Mal
wieder zu spät kommst, brauchst du
gar nicht mehr zu kommen.
Wir haben wirklich genug Freiwillige! Klar?",
droht er Billie.
Der Vereinswart schlägt Billie dann vor:
„Die beiden nächsten Heimspiele! O.k.?"

Billie ist von diesem Vorschlag erfreut.
Doch sie kommt dadurch in Bedrängnis.
Sie fürchtet, ihre Eltern werden ihr
das wieder nicht erlauben.
„Geht doch, oder?",
fragt der Vereinswart nach. Dabei
betrachtet er Billies sorgenvolles Gesicht.
„Doch, das geht!",
sagt Billie voreilig und hofft, dass sie
es irgendwie einrichten kann.

Jetzt muss sich Billie aber beeilen.
Sonst bekommt sie schon wieder
Ärger mit ihrem Vater.

Doch bevor Billie
das Vereinsgebäude verlässt,
hört sie Stimmen. Sie dringen
durch den Spalt einer angelehnten Tür.
Billie stockt der Atem.
Sie erkennt den Schalke-Manager.
Der unterhält sich mit Steffen,
dem Co-Trainer der Mannschaft.
„Deswegen verschwindet man
nicht einfach spurlos und bricht Verträge",
hört sie den Manager sagen.
Billie bekommt mit, dass Steffen
seinen Spieler Sebastiao in Schutz nimmt.
„Der weiß doch nicht mal,
was in den Verträgen steht.
Außerdem ist es ihm total egal",
sagt Steffen entschuldigend.

Billie hat die Geschichte mit Sebastiao
gestern in den Nachrichten gehört.
Der Brasilianer hat einen Unfall verursacht.
Presse und Fernsehen behaupten,
der junge Schalke-Stürmer ist
ohne Führerschein gefahren.
Und einen Führerschein hat er nicht,
weil er Analphabet ist.
Das konnte Billie erst gar nicht glauben.

„Der Sebastiao setzt
die Meisterschaft aufs Spiel und
verrät seine Mannschaft",
hört Billie den Manager jetzt schimpfen.
Wieder verteidigt Steffen seinen Schützling:
„Was würden Sie machen, wenn alle
Sie für blöd halten würden?"
„Mich hält aber keiner für blöd",
antwortet der Manager kalt.

„Eingebildeter Typ", denkt Billie
und stiehlt sich davon.
Sie ist sich jetzt sicher:
Sebastiao kann nicht lesen und schreiben.

Viele machen sich über Sebastiao lustig
wegen seiner Lese- und Schreibschwäche.
Für Billie wird Sebastiao
dadurch nur noch interessanter.
Denn auch sie hat damit Probleme.
In der Schule kommt sie nicht immer mit.
Sie weiß auch nicht so genau warum.
Ihre Mitschüler sind einfach schneller.
Vor allem beim Lesen und Schreiben.

Vielleicht liegt es daran, dass Billies Eltern
nie Zeit hatten, mit ihr zu üben.
Außerdem hat sie oft die Schule geschwänzt.
Die Lehrer haben sich dann
nicht mehr um sie gekümmert.
Sie haben Billie einfach mit durchgezogen.
Auch Billie hat dann aufgegeben.
Aber Billie hat einen Trost:
Sie spielt besonders gut Fußball.
Und das weiß sie.
Sie hat es gelernt, weil sie
immer mit ihren Brüdern
auf dem Bolzplatz gekickt hat.
So wie Sebastiao.
Der war als Kind auch nur hinter dem Ball her.
Und heute spielt er Fußball wie kein anderer.
Deshalb denkt Billie, dass
sie und Sebastiao zusammen gehören.
Vielleicht, so glaubt Billie,
ist Sebastiao sogar seelenverwandt mit ihr.

Fußball verboten

Billie wusste, dass etwas schief geht.
Ihre Mutter sieht heute leichenblass aus.
„Du gehst da nicht hin!",
befiehlt sie ihrer Tochter.
Dabei hat sich Billie
so sehr auf das Spiel gefreut.
Außerdem ist sie doch
als Ball-Mädchen eingeteilt.
„Wieso denn nicht?", fragt Billie verzweifelt.
„Ich muss da aber hin!"
„Weil es mir nicht gut geht, deshalb!"
antwortet die Mutter.

Das musste sich Billie
in letzter Zeit immer öfter anhören.
Überhaupt hat Billie das Gefühl, dass
ihre Eltern immer weniger Verständnis
für sie haben.
Billie weiß nicht, was los ist in ihrer Familie.
Billie weiß nur, dass sie
sich nicht alles verbieten lassen will.
Diesmal will sie nicht nachgeben.
„Dir geht es doch nur nicht gut,
weil du nicht willst,
dass ich zum Fußball gehe",
hält Billie ihrer Mutter vor.

„Ich brauch dich hier",
sagt ihre Mutter streng.
„Ich muss mich hinlegen."
Dann schlurft sie ins Schlafzimmer.

Billie kocht vor Wut.
Sie geht in ihr Zimmer,
packt heimlich ihre Sachen und
verschwindet leise aus der Wohnung.

Während des Spiels hat Billie
keine Sekunde lang an ihre Mutter gedacht.
Die Begegnung war heute nicht so spannend.
Denn Sebastiao hat nicht mitgespielt.
Plötzlich meldet sich doch
ihr schlechtes Gewissen.
Ihre Eltern haben sicher gemerkt, dass
sie einfach abgehauen ist.

Als Billie abgehetzt wieder
zu Hause ankommt, erwartet sie bereits
der älteste Bruder mit traurigem Gesicht.
„Was ist denn mit dir los?",
fragt Billie besorgt.
„Mama ist im Krankenhaus!",
antwortet der Bruder.
„Was?", ruft sie erschrocken.
Ihr Bruder nickt stumm.
Billies Mutter hatte einen Schwäche-Anfall.
Und Billie fühlt sich nun dafür verantwortlich.

Billies Vater kommt spät nach Hause.
Er war erst bei seiner Frau im Krankenhaus.
Billie hat ihre Brüder schon ins Bett gebracht.
Jetzt weiß sie, was ihr bevorsteht:
ein Riesenkrach!
„Psst!", zischt Billie ihren Vater sofort an,
bevor der richtig lospoltern kann.
„Was heißt psst!", empört er sich.
„Ich würde dich am liebsten …", droht er laut.
Billie fällt ihrem Vater ins Wort.
Sie will wissen, wie es ihrer Mutter geht.
„Wieder einigermaßen",
antwortet ihr Vater etwas ruhiger.
Er merkt, dass sich Billie große Sorgen macht.
„Die Ärzte wissen es noch nicht so genau.
Zum Glück haben deine Brüder gut reagiert.
Es hätte aber schief gehen können.
Wieso bist du weggegangen?
Mama hatte doch gesagt,
du sollst zu Hause bleiben?"

Billie sucht nach einer Ausrede,
findet aber so schnell keine.
Außerdem ahnt ihr Vater sowieso,
wo sie war.
„Fußball ist jedenfalls jetzt vorbei! Klar?
Ich weiß eh nicht, wie wir
das alles schaffen sollen – ohne Mama",
klagt er vorwurfsvoll.

Billie schaut betroffen zu Boden.
Traurig geht sie in ihr Zimmer.
In solchen Momenten
wünscht sie sich ganz weit weg:
weg von ihren Eltern,
weg von ihrer Familie,
weg aus dieser engen Wohnung,
weg aus diesem traurigen Haus.

Stress in der Klasse

Am nächsten Tag hat Billie wieder Stress.
Diesmal mit einem ihrer Klassenkameraden.
Oft machen ihre Mitschüler sie blöd an, weil sie
die Schlechteste in der Klasse ist.
Die wissen auch, dass Billie Schalke-Fan ist.
Und seitdem klar ist, dass Sebastiao
Analphabet ist, muss sich
Billie das jeden Tag anhören.
Aber weil Billie Sebastiao immer verteidigt,
bekommt sie Streit mit einem Jungen.
Der ist auch noch Dortmund-Fan.
Der Junge wird handgreiflich.
Aber Billie lässt sich
nicht so schnell unterkriegen.
Sie wehrt sich. Schließlich ist sie
von ihren Brüdern einiges gewohnt.

Billie schafft es, den Jungen
auf den Rücken zu werfen.
Sie setzt sich auf ihn und
drückt seine Arme nach hinten.
Aber der Junge hört nicht auf zu sticheln:
„Schalke ist was für Hohlis."
Billie drückt ihn fester auf den Boden.
Doch der Junge lästert fröhlich weiter:
„Keine Angst, du passt da schon hin
zu dem blöden Arschloch."
„Wer ist hier das Arschloch?", kontert Billie.
„Na, wer wohl? Der Sebastiao.
Millionär, aber zu blöd zum Lesen!"

Billie fühlt sich in ihrer Ehre gekränkt,
obwohl er ja Sebastiao beschimpft hat.
Sie sammelt Spucke in ihrem Mund.
Der Junge spottet weiter:
„Du sitzt beim Ficken lieber oben, stimmt's!
Merkst du es? Ich werd schon ganz geil."

Das ist Billie zu viel. Sie spuckt.
Der Junge wehrt sich nun entschiedener.
Er wirft sie ab und setzt sich auf sie.
„Zum Ficken wärst du sicher nicht zu doof",
spottet er.
Die Lehrerin beendet den Zweikampf
zwischen Billie und dem Jungen:
„Was soll denn das? Lasst los! Alle beide!
Billie, Sie kommen mal bitte mit!"
„Das ist typisch!", denkt Billie.
Billie fühlt sich ungerecht behandelt.
Schließlich war es doch der Junge,
der angefangen hat.

Die Lehrerin will
etwas ganz anderes von Billie.
Sie will ihr eine Prüfungsarbeit zurückgeben.
Und weil sie Billie die Demütigung
vor der Klasse ersparen will,
tut sie das im Besprechungsraum.
Billie schaut auf das leere Blatt.
Es ist mit einer roten „Sechs" verziert.
„Sie haben keinen einzigen Satz geschrieben!
Billie, Ihnen ist doch klar, dass Sie
es so nie schaffen!",
empört sich die Lehrerin.
„Was soll ich schaffen?",
will Billie wissen.
Dabei weiß sie genau,
was ihre Lehrerin meint.
„Ohne Schulabschluss wird es schwer,
eine Lehrstelle zu finden."
Aber Billie antwortet trotzig:
„Ich finde sowieso keine!"

Billies Lehrerin reagiert geduldig.
„Es wäre so schade,
wenn Sie Ihr Talent vergeuden.
Ich hab schon mit dem Chefkoch
vom Hotel Ruhrpark gesprochen.
Ich habe ihm von Ihren Kochkünsten erzählt.
Er ist sehr interessiert."
Billie ist erstaunt.
Eigentlich hätte sie nicht erwartet,
wirklich eine Lehrstelle zu finden.
„Im Ernst?", fragt Billie erstaunt.
„Ja, aber dazu müssen Ihre Noten
nicht nur in Hauswirtschaft,
sondern in allen Fächern stimmen!"

Das aber, denkt Billie, wird sie nie packen.
Deshalb will sie ja Fußballerin werden.
Sie weiß, dass sie wenigstens das kann.
Und sie hat von Fußballerinnen gehört,
die davon leben können.

Immer nur Ärger

Über die ganze Aufregung hat
Billie die Zeit vergessen.
Sie kommt viel später nach Hause.
Ihr Vater ist gerade auf dem Sprung.
Er muss zur Arbeit. Und er ist stinksauer.
„Du bist ja schon wieder zu spät, verdammt!
Ich hab doch gesagt …"
„Ging nicht", fällt sie ihm ins Wort,
„wegen der Schule."
„Hör zu! Die Familie ist jetzt wichtiger.
Wenn du willst, schreib ich dir
viele Entschuldigunge. Und jetzt mach!
Du musst erst zu Mama ins Krankenhaus.
Und denk an den Einkauf.
Ich hab dir einen Zettel gemacht.
Hier sind 50 Euro. Die müssen reichen! Klar?"
Billies Vater hat es eilig.

„Und deine Hemden?", will Billie wissen.
„Geht auch mal ohne zu bügeln", sagt er.
Billie will ihm noch schnell die Briefe
in die Hand drücken.
Sie hat sie gerade aus dem Briefkasten geholt.
„Hier ist noch die Post!",
ruft sie ihm hinterher.
Aber der Vater ist schon fast verschwunden.
„Wenn was Wichtiges ist, ruf mich an!", ruft er.
Dann fällt die Haustür hinter ihm zu.
Billie blickt ratlos auf die Post.
Doch statt sie zu öffnen, lässt sie
die Briefe in einer Schublade verschwinden.

Billie kann den Einkaufszettel nicht lesen.
Normalerweise schreibt ihre Mutter die Liste.
Doch auch Mutters Schrift
kann Billie nicht lesen.
Aber die Mutter liest ihr immer vor,
was auf dem Zettel steht.
Diesmal ist es schwieriger.
Ihr Vater hat Billie den Zettel nicht vorgelesen.
Also muss sie sich anders behelfen.
Billie fragt den Verkäufer:
„Entschuldigung! Ich kann wieder mal
die Schrift von meiner Chefin nicht lesen.
Können Sie mir helfen?"
Der Verkäufer sagt:
„Ich nix deutsch. Nur helfen."
Billie zerknüllt das Papier und
steckt es in die Hosentasche.

Billie sucht irgendwelche Sachen
aus den Regalen zusammen.
Sie weiß ja, was ihre Brüder
am liebsten mögen.
Trotzdem ist Billie
vollkommen nass geschwitzt.
Wie immer, wenn sie Angst hat, dass
die anderen ihre Leseschwäche bemerken.
Meistens geht sie
solchen Situationen aus dem Weg.
Manchmal geht das aber nicht.

Vorstellungsgespräch

Billies Mutter liegt noch im Krankenhaus.
Sie soll erst morgen entlassen werden.
Heute hat Billie ihr Vorstellungsgespräch.
Billies Lehrerin ist auch dabei.
Billie ist total nervös.
„Also abgemacht. Vier Wochen Praktikum",
bestätigt der Küchenchef des Hotels.
„Und wenn Sie sich so gut verkaufen,
wie Ihre Lehrerin sagt, dann spricht nichts
gegen eine Übernahme in ein Lehrverhältnis.
Vorausgesetzt, Sie interessieren sich dafür!",
fügt er noch hinzu und gibt Billie die Hand.
Am liebsten hätte Billie
in diesem Moment geantwortet:
„Nö, das interessiert mich nicht die Bohne."
Aber sie weiß, wie wichtig
eine Lehrstelle heutzutage ist.

Billie antwortet deshalb:
„Ja, sicher interessiert mich das."
Aber sie befürchtet, dass
das hier nicht gut gehen wird.
Vor allem, als ihr der Chef
ein paar Formulare in die Hand drückt:
„Hier sind noch die Hygiene-Vorschriften",
sagt er.
Was er nicht wissen kann,
Billie kann diese Vorschriften gar nicht lesen.

Sorgen

Am nächsten Tag holt Billies Vater
seine Frau aus dem Krankenhaus ab.
Billie freut sich nicht nur auf ihre Mutter.
Sie freut sich auch, weil sie dann vielleicht
wieder zum Fußball-Training gehen kann.
Als ihre Mutter zu Hause ankommt,
umarmt Billie sie spontan:
„Mama! Endlich bist du wieder da."
Und Billie hat das Gefühl,
jetzt gleich weinen zu müssen.
Denn es gibt in dieser Familie
nicht viel Zeit für Umarmungen.
Das fehlt Billie sehr.
„Ich freue mich auch", sagt Billies Mutter.
Sie merkt, dass Billie sehr gerührt ist.
Sie streichelt ihrer Tochter die Wange.

Dem Vater fällt auf, dass Billie
ihre Sporttasche gepackt hat.
„Wohin willst du denn schon wieder?",
will er wissen.
„Zum Training", antwortet Billie.
„Jetzt, wo Mutter wieder da ist?", fragt er.
„Wir haben am Sonntag ein wichtiges Spiel",
sagt Billie fast flehend.
Ihre Mutter ergreift
diesmal sogar Partei für sie.
„Lass sie doch!", bittet sie ihren Mann.
Seiner Frau will er die Bitte nicht abschlagen.
Billie ist begeistert.
Sofort stürmt sie aus dem Haus.

Billie weiß, dass es
ihre Eltern nicht leicht haben.
Die vier Kinder kosten viel Geld.
Die Speditions-Firma, in der ihr Vater arbeitet,
läuft nicht gut.
Auch Mutter bringt nicht viel Geld nach Hause.
Wenn sie überhaupt arbeiten kann.
Denn sie hat oft
Probleme mit ihrer Gesundheit.
Billie weiß auch, dass sie
bald Geld hinzuverdienen soll.
Spätestens, wenn sie die Schule verlässt.

Deshalb freuen sich die Eltern, dass Billie
ein Praktikum macht.
Weil Billie dann etwas Geld mitverdient.
Vielleicht können ihre Eltern dann
eine neue Waschmaschine kaufen.
Die alte ist nämlich kaputt gegangen.

Billies Mutter ist trotzdem nicht glücklich.
Ihr ist nicht klar, wie sie
ihre drei Söhne und
den Haushalt versorgen soll.
Und Billie fürchtet, dass
die Schwierigkeiten jetzt erst richtig beginnen.

Jeden Nachmittag wartet
ein Berg Wäsche auf Billie.
Während andere Mädchen
Hausaufgaben machen oder
mit ihren Freunden zusammen sind,
muss Billie bügeln.
Eine eintönige Arbeit.
Immerhin ist Zeit genug, um
ein wenig zu grübeln über alles.

Billie schaut auf das Hochzeitsfoto ihrer Eltern,
das an der Wand hängt.
Die beiden neigen den Kopf zueinander,
scheinen frisch verliebt zu sein.
Billie bügelt und denkt darüber nach,
was es bedeutet, Kinder in die Welt zu setzen.
Ob es wirklich Sinn macht,
eine Familie zu gründen.
Billie liebt ihre Brüder und auch ihre Eltern.
Aber manchmal denkt sie,
es ist besser, allein zu leben.

Plötzlich poltert ihr ältester Bruder ins Zimmer.
„Billie! Billie! Der Sebastiao!",
ruft er ganz aufgeregt.
„Was ist mit dem Sebastiao?",
erschrickt Billie.
„Der ist drüben, bei Franco.
Franco ist Sebastiaos Freund!",
antwortet der Bruder.

„Franco ist der Freund von Sebastiao?",
fragt Billie aufgeregt.
„Ja, der wohnt zwei Häuser weiter."
Billie kann es nicht glauben.
Sebastiao in ihrem Viertel!
Das muss sie sich anschauen.
Billie lässt alles stehen und liegen
und läuft mit ihrem Bruder aus dem Haus.
Und tatsächlich:
Ein paar Blocks weiter
kickt Sebastiao mit ein paar Jungs.
Billie und ihr Bruder verstecken sich.

Hübsch!

Billie wagt sich hinter dem Busch vor.
Sofort wird Sebastiao auf sie aufmerksam.
„Komm mal da raus!
Dich kenn ich doch!
Bist du nicht das Ball-Mädchen von uns?",
fragt Sebastiao.
Billie nickt nur.
Sebastiao tritt jetzt ganz nah an sie heran.
„Pass mal auf!
Du sagst niemandem auch nur ein Wort,
dass ihr mich hier gesehen habt! Klaro?",
droht er.
Billie nickt eingeschüchtert.
Sie steht ehrfürchtig vor dem Stürmer-Star.
Ihn bekommt sie ja sonst nur auf Postern,
im Fernsehen und im Stadion zu Gesicht.

Sebastiao nutzt den Moment
für einen Flirt mit der hübschen Billie.
Er bleibt absolut locker.
„Wollt ihr mitspielen?", fragt er.
Billie rutscht sofort das Herz in die Hose.
Sie nickt, obwohl sie
am liebsten wegrennen würde.
Niemals würde sie sich trauen,
gegen Sebastiao Fußball zu spielen.
Sebastiao merkt, dass Billie
sich vor lauter Respekt
fast in die Hosen macht.
„Kannst du auch reden?", fragt er.
Billie kann wieder nur nicken.
Doch dann kickt Sebastiao den Ball zu Billie.
Fast automatisch kickt Billie zurück.

Es entwickelt sich ein munteres Fußballspiel.
Billie gibt eine gute Figur ab.
Sebastiao pfeift vor Begeisterung.
„Hey, gar nicht schlecht.
Das musst du mal bei Schalke zeigen",
ruft er Billie zu.
Die beiden dribbeln sich
gegenseitig den Ball von den Füßen.
Als Billie einen schnellen Haken schlägt,
hält Sebastiao sie am T-Shirt fest.
Dabei reißt es auf.

Nun steht Billie
mit nackter Schulter vor Sebastiao.
Er erschrickt über sein Missgeschick
und entschuldigt sich.
Billie weiß erst gar nicht, was er meint.
Erst als alle Jungs auf ihre Schulter glotzen,
kapiert auch sie, was los ist.

„Hübsch!", sagt Sebastiao.
Billie läuft aus Verlegenheit einfach weg.

Sebastiao schaut ihr hinterher.
„Wo wohnt die?", will er von Franco wissen.
Der zuckt mit den Schultern:
„Keine Ahnung!"
Sofort wendet sich Sebastiao
an Billies Bruder:
„Hey! Bist du ihr Bruder?"
„Ja!", antwortet Billies Bruder brav.
„Sag ihr noch einmal, sie soll
ihr Maul halten und du auch! O.k?",
warnt Sebastiao den Jungen.

Sebastiao grinst Franco an.
Er ist sich sicher, dass er
eine Eroberung gemacht hat.

Bauchschmerzen

Billie ist ganz außer Atem.
Sie ärgert sich über sich selbst
und über ihre Schüchternheit.
Statt wegzulaufen, hätte sie
Sebastiao zur Rede stellen sollen.
Jetzt traut sie sich nicht mehr zurück.
Als ihr Bruder kommt, fragt sie ihn:
„Was hat Sebastiao gesagt?"
„Er hat gefragt, wo du wohnst?"
„Und was noch?", bohrt Billie weiter.
„Dass du deine Schnauze halten sollst",
sagt ihr Bruder frech.
„Wegen was?", erschrickt Billie.
„Du sollst ihn nicht verraten",
erklärt ihr Bruder.

Billie schaut noch einmal zum Bolzplatz.
Sebastiao ist nirgends mehr zu sehen.
Sie zieht ihr gerissenes T-Shirt zusammen.
Dann nimmt sie ihren Bruder
an die Hand und geht.

Als Billie nach Hause kommt,
riecht es im Flur nach Rauch.
Ihr Vater brüllt sofort los, als er
Billie kommen sieht.
Billie hatte das Bügeleisen
nicht ausgeschaltet.
Sie hatte es auf dem Brett stehen gelassen.
Das Bügelbrett und ein paar Hemden
sind total verkohlt.
„Es hat fast gereicht, die Bude abzufackeln.
Wer soll das wieder bezahlen?
Schau dir das bloß an!",
tobt ihr Vater.

Dann bemerkt der Vater, dass
Billies T-Shirt aufgerissen ist.
„Hast dich geschlagen oder was?"
Billie ist ziemlich gereizt.
Die ganze Welt scheint sich
gegen sie zu verschwören.
„Wieder Fußball, stimmt's?",
fragt Billies Vater.
Billie antwortet nicht.
Der Vater brüllt sie an:
„Ich hab dir x-mal gesagt, damit ist Schluss!
Das war das letzte Mal!
Schlag dir das aus dem Kopf.
Du bleibst hier bei Mama und den Jungs,
sonst nichts! Ist das klar?"

Billie kennt Vaters Ausraster.
Und ihr ist auch klar, dass sie
einen Fehler gemacht hat.
Aber das mit dem Fußball
lässt sie sich nicht verbieten!
Das steht für sie felsenfest.
Komme, was da wolle!
Außerdem ist sie sowieso der Meinung,
dass sie viel zu viel
im Haushalt machen muss.
Beleidigt flüchtet sie in ihr Zimmer.

Vor lauter Ärger reißt Billie
alle Poster mit Sebastiao von ihren Wänden.
Sie ist sehr unglücklich.
So schlecht hat sie sich lange nicht gefühlt.
Im Grunde weiß sie nicht mehr ein noch aus.
Vor lauter Kummer merkt sie nicht, dass
ihr kleiner Bruder ins Zimmer kommt.

Der weiß, dass Billie Sebastiao gut findet.
Ihm macht es Spaß, Billie damit zu ärgern:
„Ver-lie-hiebt, ver-lie-hiebt!"
Aber Billie ist nicht zum Scherzen aufgelegt.
„Du hast keine Ahnung!", sagt sie und
hält ihren Bruder im Arm.
„Von was?", will ihr Bruder wissen.
„Von der Liebe. Manchmal kriegt man
Bauchschmerzen davon.",
klärt Billie ihren Bruder auf.

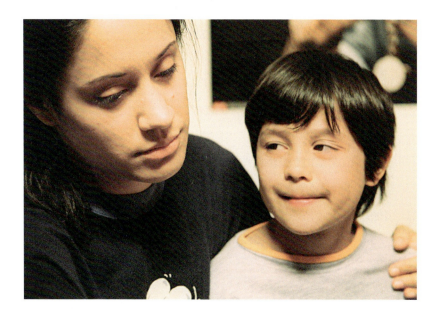

Billies Bruder wird nachdenklich:
„Dann will ich nie verliebt werden", sagt er.
„Da kannst du nichts dagegen machen.
Das kommt einfach so, wie Schnupfen",
erklärt Billie.
„Hast du jetzt Bauchweh?", fragt ihr Bruder.
Billie nickt und drückt ihn noch fester an sich.
Dann küsst sie ihn auf die Stirn.
Dabei stellt sie sich vor,
es wäre Sebastiao, den sie im Arm hält.
Ihr Bruder wischt sich den Kuss sofort weg.
„Bäh!", sagt er angewidert.
Er befreit sich aus Billies Armen
und läuft davon.
Billies Blick fällt auf ein zerknittertes Poster.
Es liegt vor ihr am Boden.
Sie kennt sich selbst nicht mehr.
Sie weiß nicht, ob sie Sebastiao hasst oder
ob sie ihn liebt.

Gemüsesuppe

Die ganze Nacht macht Billie kein Auge zu.
Wegen Sebastiao und
auch wegen des Praktikums,
das am nächsten Tag beginnen soll.
Erst am frühen Morgen schläft Billie ein.
„Los! Aufstehen! Du musst los!",
hört Billie ihre Mutter sagen.
Billie hält ihre Augen geschlossen.
Sie hat keine Lust, in das Hotel zu gehen.
Ihr Kopf brummt, ihre Glieder schmerzen.
„Papa hat gesagt, ich soll zu Hause bleiben.
Kein Fußball, keine Schule!", brummt sie.
Billies Mutter streichelt ihr über den Kopf:
„Arbeit ist jetzt wichtiger als Schule."

Der Chef erwartet Billie
in der Gaststätte des Hotels.
Sofort bekommt sie erste Anweisungen:
„So, hier ist deine erste Aufgabe.
Das ist das Rezept für die Tagessuppe.
Du stellst die Sachen zusammen.
Schon mal Gemüsesuppe gekocht?"
Billie nickt.
Zu Hause muss Billie fast jeden Tag kochen.
„Wenn du Fragen hast, frag ruhig.
Ich gehe in die Stadt und
besorge noch ein paar Sachen."
Ihr Chef geht.

Billie hält das Rezept in der Hand.
Sie hat geahnt, dass es so kommen würde.
Und das schon am ersten Tag.
Sie kann das Rezept nicht lesen.

Glücklicherweise hat Billie eine Idee.
Sie sucht sich Zutaten zusammen.
Sie schneidet, rührt,
würzt, schmeckt ab.
Jetzt ist Billie in ihrem Element.

Als ihr Chef aus der Stadt zurückkommt,
schlägt ihm ein würziger Duft entgegen.
Neugierig schnuppert er in den Kochtopf.
„Ich hab nicht gesagt, dass du
die Suppe gleich kochen sollst", sagt er.
„Hatte so viel Zeit", entschuldigt sich Billie.
Ihr Chef probiert.
„Schmeckt! Irgendwie anders!
Aber gut! Fast besser als meine.
Was hast du da rein getan?"
Billie zeigt auf verschiedene Gewürze.
Der Koch nickt anerkennend:
„Ah, das ist der Trick, genial, Mädchen.
Muss ich mir merken."
Billie atmet unhörbar auf.
Doch schon im nächsten Moment
folgt der nächste Schock.

Billie soll die Speisetafel schreiben.
Der Chef sagt:
„Die Tafel stellen wir immer raus,
für die Kundschaft.
Du schreibst:
3-Gänge-Mittags-Gericht für 6,50 Euro:
− Gemüsesuppe
− Züricher Geschnetzeltes mit Reis und Salat
− Nachspeise."
Billie fragt vorsichtshalber noch einmal nach:
„Gemüsesuppe?"
„Ja, deine Gemüsesuppe."
Billie lächelt schüchtern, aber stolz und nickt.

Gleichzeitig wird ihr schlecht.
Sie weiß, dass sie
die Speisekarte nicht schreiben kann.
Aus Verlegenheit räumt Billie
erst einmal die Küchenabfälle weg.

Billies Chef nimmt sich die Zeitung, die er
aus der Stadt mitgebracht hat.
Dort steht etwas über Sebastiao.
„Sag mal! Den Sebastiao
haben sie immer noch nicht gefunden?",
fragt er Billie.
Er hat gehört, dass Billie öfter auf Schalke ist.
Billie zuckt mit den Achseln.
Sie tut so, als ginge Sebastiao sie nichts an.
Aber schon der Name „Sebastiao"
versetzt ihr einen Stich ins Herz.
Sie weiß ja sogar, wo er sich aufhält.

Billies Chef sieht auf die leere Tafel.
„Die steht ja immer noch nicht draußen!?"
Er holt ein Stück Kreide.
„Kannst du dir schon mal angewöhnen.
Das ist Teil deiner Pflichten",
fordert er sie auf.

Billie tritt kalter Schweiß auf die Stirn.
Ihr wird schwindelig.
Aber so sehr sie es sich wünscht:
Sie fällt nicht in Ohnmacht.
Billie verschränkt die Hände
hinter ihrem Rücken.
Dann schüttelt sie den Kopf.
„Was ist?", fragt ihr Chef.
„Ich kann nicht!", antwortet Billie unterwürfig
und piepsig wie eine Maus.
„Schreib!", befiehlt er.
„Kann nicht!", wiederholt Billie kleinlaut.

In der rechten Hand hält Billie ein Messer.
Es ist sehr scharf.
Ihr Chef bemerkt nicht, dass sie
sich damit in den Finger ritzt.
Billie spürt einen brennenden Schmerz.
„Was ist jetzt?",
ermahnt der Chef seine Praktikantin.
Sofort zeigt Billie den Schnitt.
Ihr Chef reagiert ungehalten:
„Das gibt's doch gar nicht! Und jetzt?
Das fängt ja gut an!"
Der Chef schickt Billie
erst einmal nach Hause.
Billie tut so, als wenn ihr das alles Leid täte.
Dabei ist sie heilfroh,
hier endlich rauszukommen.
Und sie weiß, dass sie
nie mehr hierher zurück will.

Zu Hause trifft Billie ihre Mutter im Flur.
Sie trägt einen Morgenmantel.
Dabei ist es schon Nachmittag.
Mutters Gesicht ist blass.
„Wird Zeit, dass du kommst.
Ich fühl mich wieder nicht gut.
Wie war's bei dir im Hotel?"
Natürlich hat Billie diese Frage erwartet.
Den ganzen Heimweg hat sie überlegt,
was sie zu Hause sagen wird.
„Gut", täuscht Billie ihrer Mutter vor.
„Wann musst du morgen hin?",
fragt die Mutter.
„Wieder neun Uhr", antwortet Billie.
Denn Billie weiß, wie wichtig es
für ihre Eltern ist, dass sie
das Praktikum macht.

Wie eine Maus in der Falle

Am nächsten Tag
verlässt Billie pünktlich das Haus.
Aber sie geht nicht ins Hotel.
Sie geht zur Verwaltung von Schalke 04.
Wieder hat sie die halbe Nacht lang überlegt.
Und diesmal hat sie einen Entschluss gefasst:
Billie hat sich durchgerungen,
dem Co-Trainer Steffen
von Sebastiaos Versteck zu erzählen.
Denn Billie will nicht, dass
Sebastiao eine Dummheit macht.
Sie glaubt, dass er
bei Schalke besser aufgehoben ist.

Steffen ist verblüfft.
„Stimmt das auch wirklich?", fragt er.
Billie nickt stumm.
Sie kommt sich wie eine Verräterin vor.
„Und warum kommst du
damit ausgerechnet zu mir?",
fragt Steffen verwundert.
„Weil ich weiß, dass du
sein Freund bist.
Und weil ich weiß, wie das ist
mit dem Lesen und Schreiben",
sagt sie kleinlaut.
Steffen überlegt kurz.
Er weiß wohl nicht genau,
was Billie damit sagen will.
Aber er merkt, dass sie es ehrlich meint.
„Na, dann komm mit", sagt er.

Steffen verspricht:
„Wenn wir Sebastiao kriegen, dann
bekommst du eine Prämie vom Chef."
Aber Billie lehnt ab:
„Ich will keine Prämie.
Ich will nur, dass er wieder für uns spielt."

Steffen und Billie wollen
Sebastiao vor Francos Wohnung abpassen.
Sie kommen gerade noch rechtzeitig.
Sebastiao lädt gerade
seinen Seesack in Francos Auto.
Sebastiao bemerkt Steffen und Billie.
„Hätte ich mir denken können, dass du
dein verdammtes Maul nicht halten kannst!",
empört er sich.
„Lass sie! Sie hat doch Recht!",
sagt Steffen energisch.

Sebastiao fühlt sich in seiner Ehre verletzt:
„Kleines Mädchen. Keine Ahnung vom Leben.
Von gar nichts!"
„Ich weiß mehr als du denkst", sagt Billie.
Nun schaut Sebastiao
Billie direkt in die Augen:
„Dann geh DU doch vor die Leute
und sag, dass DU zu blöd bist zum Lesen."
Und Billie weiß genau, was Sebastiao meint:
Diesen Moment, in dem man ganz klein wird.
Diesen verräterischen Augenblick, in dem
man sich fühlt wie eine Maus in der Falle.

Steffen meldet sich zu Wort.
Er ist nicht nur Sebastiaos Co-Trainer,
sondern auch sein Freund.
„DU bist doch der, der nicht lesen kann.
DU bist der Star. Und es gibt
verdammt viele, die an DICH glauben."

Sebastiao lässt sich darauf nicht ein.
„Selbst schuld.
Jeder muss an sich selber glauben", sagt er.
Er schubst Steffen aus dem Weg.
Die Freundschaft scheint vergessen.
Das findet Billie ziemlich mies:
„Du arrogantes Arschloch!",
beschimpft sie Sebastiao.
Aber Sebastiao lässt sich nicht beschimpfen.
Schon gar nicht von einem Mädchen.

Sebastiao beschimpft Billie auf Portugiesisch.
Dann packt er sie und hält ihr vor,
dass sie keine Ahnung hat.
„Keine Ahnung?", schreit Billie.
Sie weiß, dass genau
das Gegenteil der Fall ist.
Sie bringt es jedoch nicht fertig,
ihm die Wahrheit zu sagen.
Aber jetzt spürt sie Sebastiaos Herz schlagen,
so nah ist sie ihm.
Sebastiao schaut ihr in die Augen.
Billie fühlt sich wirklich wehrlos.
Ihr wird ganz heiß.
Sebastiao spürt das.
Er drückt Billie nun noch fester an sich.
Aber nicht so, wie es ein Ringer tut.
Eher so wie ein Tango-Tänzer.

„Noch was?",
fragt der gut aussehende Brasilianer.
Billie bebt vor Aufregung.
„Ich weiß genau, wie du dich
die ganze Zeit gefühlt hast",
behauptet sie.
Sebastiao bleibt cool.
„So, und wie?", will er wissen.
Billie will keine Schwäche zeigen,
auch wenn sie Sebastiaos Nähe nun genießt.
Sie versetzt ihm deshalb
einen Kniestoß in die Magengrube.
„So!", sagt sie zornig.
Sofort lässt Sebastiao Billie los.
Bille dreht sich um und verschwindet.
Er schaut ihr nach und grinst verlegen.

Stromausfall

Billie fühlt sich sehr schlecht.
Die Aktion ist gründlich daneben gegangen.
Ihre Eltern lassen sie nicht mehr zum Fußball.
Im Hotel braucht sie sich
nicht mehr blicken zu lassen.
Und Billie nimmt an, dass sie
auch bei Sebastiao unten durch ist.

Billie betäubt ihren Frust vor dem Fernseher.
Aber ein Bericht über Sebastiao
holt sie sofort zurück in die Wirklichkeit.
Sebastiao soll wieder
bei Schalke aufgetaucht sein.
Er soll sich beim Verein gemeldet haben.
Das überrascht Billie sehr.
Sollte ihr Auftritt bei Sebastiao
Wirkung gezeigt haben?

Ja, Billies Auftritt bei Sebastiao hat gewirkt.
Laut Bericht will Schalke sogar
eine Aktion zur Alphabetisierung
mit dem Stürmer-Star durchführen.
Das Schalke-Präsidium will
beim nächsten Pflichtspiel
eine Solidaritäts-Aktion mit Sebastiao
für alle Analphabeten der Welt starten!
Billie fällt sofort ein, dass sie
dann als Ball-Mädchen eingeteilt ist.
Aber ihr fällt auch ein, dass ihr Vater
ihr verboten hat, ins Stadion zu gehen.
Und dieses Verbot scheint nun endgültig.

Billies Vater ist ihr
auf die Schliche gekommen.
„Was soll das heißen?",
schreit er ins Wohnzimmer.
„Was?", fragt Billie erschrocken.
„Deine Lehrerin hat hier angerufen.
Du warst seit drei Tagen nicht mehr im Hotel!"
Billie tut so, als ginge sie
das alles gar nichts an.
„Na und?", sagt sie gleichgültig.
Das macht ihren Vater nur noch wütender:
„Was heißt na und?
Du machst uns hier was vor.
Von wegen Ausbildung und so 'n Scheiß?
Stattdessen treibst du dich
draußen rum mit sonst wem."

Jetzt wehrt sich Billie doch.
„Ich treib mich nicht rum", rechtfertigt sie sich.
„So, was denn sonst?", schreit Billies Vater.
„Das mit dem Stadion
kannst du jedenfalls vergessen."
„Aber ich bin als Ball-Mädchen eingeteilt",
wehrt sich Billie verzweifelt.
Billies Vater interessiert das nicht:
„Ich hab dir neulich schon gesagt, dass
das nicht mehr geht."
Billie fühlt sich wie betäubt.
Sie widersetzt sich nicht.
Wie ferngesteuert läuft sie in ihr Zimmer.
Sie bekommt gar nicht mehr richtig mit, dass
plötzlich der Fernseher ausfällt
und das Licht ausgeht.
„Stromausfall, das gibt's doch nicht",
flucht Billies Vater.
Als er sich zu Billie umdreht, ist sie weg.

„Jetzt ist sowieso alles egal", denkt Billie.
Im Grunde kann ihr nichts mehr passieren.
Sie zieht eine Jacke über und
klettert aus dem Fenster.
Als Billies Vater in ihrem Zimmer nachschaut,
bemerkt er, dass seine Tochter abgehauen ist.
Eigentlich wollte er ihr
wieder eine Strafpredigt halten.
Denn er hat herausgefunden,
warum der Strom plötzlich weg ist.
Die Strom-Rechnungen waren nicht bezahlt.
Billie hatte die Rechnungen
in der Schublade verschwinden lassen,
als Mutter im Krankenhaus war.
Dann hatte Billie die Briefe vergessen.

Aber Billie hat im Moment andere Sorgen
als unbezahlte Strom-Rechnungen.

Außenseiter

Billie kommt fast zu spät ins Stadion.
Schon von weitem hört sie die Sprechchöre
aus der VELTINS-Arena.
Ihr läuft ein Schauer über den Rücken.
Wie oft ist sie schon
hier im Stadion gewesen!
Aber jedes Mal ist es für sie
ein neues, riesiges Erlebnis.
Wenn die Fans ihre Lieder singen und
applaudieren, kommen ihr die Tränen.
Erst recht heute.
Es kommt ihr vor, als warteten
dort im Stadion alle ihre Freunde.
Alles Menschen, die sie verstehen!
Und sie ist wahnsinnig gespannt
auf die Aktion mit Sebastiao.

Als Ball-Mädchen ist Billie ganz nah dran.
Aber zuerst bekommt sie einen Rüffel.
Diesmal vom Vereinswart:
„Mann, Mädchen! Wo bleibst du denn?
Jetzt aber schnell.
Die Jungs sind schon längst unten."
Als Billie gehen will, läuft ihr noch
Steffen über den Weg und sagt:
„Hey, Billie!
Wir brauchen dich doch jetzt oben!"
Steffen zwinkert dem Vereinswart zu:
„Billie ist heute die zentrale Figur im Mittelfeld.
Komm Billie, gleich ist Anpfiff."
Steffen nimmt Billie
einfach mit auf die Tribüne.
Der völlig verdutzte Vereinswart
beschwert sich vergeblich bei Steffen.
Und auch Billie weiß nicht, was abgeht.

Auf der Tribüne sind viele Ehrengäste.
Billie erfährt, dass die Teilnehmer
eines Lese- und Schreibkurses
für Erwachsene eingeladen sind.
Sie haben sich zur Verfügung gestellt,
um im Stadion für die Kurse zu werben.
Sie alle wissen, was es heißt,
als Außenseiter zu leben.

Steffen wird sie in dem ausverkauften Stadion
und vor laufender Kamera
dem Publikum vorstellen.
Billie ist begeistert.
Sie applaudiert aus vollem Herzen mit.
Erst als Steffen in seiner Rede
auch ihren Namen nennt,
bleibt ihr Herz fast stehen.
Er winkt Billie zu sich heran.

Billie zögert, geht aber dann doch zu Steffen.
„Wir alle, die lesen und schreiben können,
hatten oft nur Glück", sagt Steffen.
„Für viele Menschen,
in Deutschland und in der Welt,
waren die Bedingungen einfach zu schlecht.
Für Billie zum Beispiel.
Sie ist erst 17.
Und sie spielt für Schalke, bei den Frauen."
Dann hört Billie überhaupt nichts mehr.
Nur noch Applaus,
der über sie und die anderen hereinbricht.

Billie ahnt nicht, dass sie
in tausenden Wohnzimmern zu sehen ist.
Auch im Wohnzimmer ihrer Eltern.
Dort sitzt ihr Vater gerade und freut sich,
weil der Strom endlich wieder da ist.
Doch als er den Fernseher einschaltet,
sieht er seine Tochter auf dem Bildschirm.

„Billie! Das gibt's doch nicht!",
schreit er.
Er rennt zu seiner Frau und
holt sie vor den Fernseher.
Beide schauen zu,
wie Billie und die anderen bejubelt werden.

Billies Eltern hören, was Steffen
noch zu sagen hat:
„Auch wir hier auf Schalke
sind verantwortlich dafür, was
aus unseren Kindern und Jugendlichen wird.
Wir stehen in der Öffentlichkeit,
wir sind Vorbild.
Und deshalb jetzt zu einem,
den jeder hier kennt.
Lange wussten wir nicht, ob wir ihn
auf Schalke wiedersehen würden:
Sebastiao."

Als Sebastiao einläuft,
kommt tosender Beifall auf.
Billie bekommt eine Gänsehaut.
Tränen steigen in ihre Augen.
Billie ahnt, wie Sebastiao
nun zumute sein muss.

Billie bekommt ein schlechtes Gewissen.
Schließlich war sie es, die ihn verraten hat.
Plötzlich läuft Sebastiao direkt auf Billie zu.
Er spricht sie sogar an.
„Du hast noch was gut bei mir!",
ruft er Billie zu, die jetzt
auch am Spielfeldrand steht.
Billie weiß nicht so recht,
was Sebastiao damit meint.
Sie befürchtet, dass er sich
doch noch für den Verrat rächen will.

Während des Spiels hat Billie
nur Augen für Sebastiao.
Obwohl sie doch als Ball-Mädchen eher
den Ball beobachten muss.
Als Sebastiao sogar
das entscheidende Tor erzielt,
ist das ganze Stadion aus dem Häuschen.

Billie ist glücklich.
Das ist der schönste Tag, den sie
hier auf Schalke erlebt hat.
Billie weiß trotzdem nicht, ob Sebastiao
ihr immer noch böse ist.
Samba hat er nach seinem Tor
jedenfalls nicht mit ihr getanzt.
Das nimmt Billie als schlechtes Zeichen.

Ein Entschluss

Nach dem Spiel wird Billie schnell wieder
vom Alltag eingeholt.
Zwar sind ihre Eltern nicht mehr sauer auf sie.
Im Gegenteil.
Nach Billies Auftritt in der VELTINS-Arena
sind sie sogar stolz auf ihre Tochter.
Sie haben begriffen, was es für Billie heißt,
nicht richtig lesen und schreiben zu können.
Bisher war das Thema in der Familie tabu.
Denn Billies Eltern würden nie zugeben, dass
ihre Kinder in der Schule nicht mitkommen.

Aber Billies Fernsehauftritt hat
auch noch andere Konsequenzen:
Ihr Chef im Hotel hat das Praktikum gekündigt.
Und das nicht nur, weil Billie
tagelang unentschuldigt gefehlt hat.

Billie kennt den wahren Grund:
„Die haben im Fernsehen mitgekriegt, dass ich
nicht richtig lesen und schreiben kann."
Aber Billie ist gar nicht so traurig
über die Kündigung des Praktikums.
Sie wusste von vornherein, dass sie dort
nicht glücklich werden würde.

Zu dumm nur, dass Billies Lehrerin
schon wieder einen Praktikums-Platz hat.
„Bei jemandem, der mehr Verständnis hat",
verspricht die Lehrerin.
Billie widerspricht nicht.
„Solange ich keine Speisekarten
mehr schreiben muss",
lächelt sie brav.
Denn Billie will doch viel lieber
Fußball-Profi werden.

Aber selbst für Fußball-Profis ist es von Vorteil,
wenn man lesen und schreiben kann.
Das weiß Billie schließlich aus erster Hand.
Wie hat Steffen gesagt?
„Es ist immer besser,
auf zwei Beinen zu stehen."
Billie beschließt deshalb,
einen Lese- und Schreibkurs zu besuchen.
Und sie will alles daran setzen,
den Hauptschul-Abschluss nachzuholen.

Auch wenn sie den Abschluss
für eine Karriere als Fußballerin
vielleicht nicht wirklich benötigt.

Fußball-ABC

Sebastiao hat sich als Promi
für die Alphabetisierungs-Aktion
zur Verfügung gestellt.
Er und Steffen haben ihren Besuch
im Volkshochschul-Kurs angekündigt.
Auch die Presse ist eingeladen.
Sebastiao will dafür werben,
dass noch mehr Menschen
die Lese- und Schreibkurse besuchen.
Und dass es mehr Geld gibt,
damit mehr Kurse stattfinden können.

Nun ist es soweit.
Alle Eingeladenen sind gekommen.
Auch Sebastiao und Steffen sind eingetroffen.
Billie ist ebenfalls bei der Aktion dabei.
Sie ist total aufgeregt.
Einmal treffen sich sogar
die Blicke von Sebastiao und Billie.
Er zwinkert ihr zu.
Aber Billie traut sich nicht, ihn anzusprechen.
Sie wundert sich über den Erfolg der Aktion.
Viele Menschen, die
nicht lesen und schreiben können,
sind gekommen.
Obwohl viel Presse da ist.

Der Raum ist total überfüllt.
Der Kursleiter sorgt für Ruhe.
Er wendet sich an die Anwesenden:
„Wir bedanken uns erst einmal
bei unseren Fußball-Assen,
Sebastiao und Steffen, für ihre Unterstützung.
Wir haben wirklich
nicht mit so vielen gerechnet.
Jetzt haben wir ein Problem:
Wir haben gar nicht genug
Kursleiterinnen und Kursleiter für Sie alle!"

Sofort beschweren sich einige Teilnehmer.
„Dann stellen Sie doch neue Lehrer ein!",
fordert einer.
„Erst locken Sie uns hierher,
dann gibt es keine Lehrer",
beschwert sich ein anderer.

Der Lehrer versucht,
die Gemüter zu besänftigen.
„Bisher haben die da oben
ja nicht wissen wollen,
wie viele ihr seid!",
rechtfertigt er sich.
„Und jetzt?", will Sebastiao wissen.
„Jetzt? – Wissen sie es!",
lächelt der Lehrer erfreut.
Alle klatschen Beifall.
Auch Billie klatscht in die Hände.

Nach dem Kurs ist Sebastiao
von Autogramm-Jägern umringt.
Billie beobachtet ihn aus dem Hintergrund.
Eigentlich hätte sie ihn gern angesprochen.
Aber ihr fehlt der Mut.
Ein wenig traurig verlässt sie
deshalb die Veranstaltung.
Aber Sebastiao bemerkt Billie.
Er drängt sich
an den Autogramm-Jägern vorbei
und läuft ihr hinterher.
„Hey! Warte doch mal!", ruft er ihr zu.
„Was ist?", antwortet Billie ängstlich,
als sie Sebastiaos Stimme hört.

Billie fürchtet, dass sich
Sebastiao nun rächen will.
Aber Sebastiao bleibt überraschend friedlich.
„Ich wollte dir nur sagen:
Wenn du willst, können wir zusammen lernen",
sagt Sebastiao freundlich.
„Was lernen?", fragt Billie,
obwohl sie genau weiß, was Sebastiao meint.
„Lesen und Schreiben", antwortet Sebastiao.
„Auch Dribbeln?", fragt sie zurück.
Sebastiao grinst und sagt:
„Auch."
Billie lächelt befreit.
Sie kapiert:
Sebastiao ist ihr nicht mehr böse.

Eigentlich möchte Billie ihrem Sebastiao
vor Glück einfach um den Hals fallen.
Aber sie reißt sich zusammen.
„Wann wollen wir anfangen?",
fragt sie äußerlich gelassen.
„Jetzt sofort!", antwortet Sebastiao.
„O.k.", sagt Billie und freut sich
auf das Fußball-ABC mit Sebastiao.

ÜBER DEN AUTOR

Dieses Buch hat Michael Freund geschrieben.
Michael Freund wurde 1962
in Würzburg geboren.
Er ist verheiratet und hat drei Kinder.
Michael Freund arbeitet seit 1994
als freier Journalist und
schreibt seit 1999 auch Drehbücher
für Spielfilme, Serien und Dokumentationen.
Michael Freund hat auch
die Drehbücher für die Fernseh-Serie
„Das Kreuz mit der Schrift" geschrieben.

INFORMATIONEN

Bitte schreiben Sie uns!
Wie hat Ihnen dieses Buch gefallen?
Sie können uns gern schreiben.
Unsere Adresse:
Ernst Klett Sprachen
Redaktion EB
Postfach 10 60 16
D-70049 Stuttgart

ALFA-Telefon
Kennen Sie jemanden, der Probleme
mit dem Lesen und Schreiben hat?
Beim ALFA-Telefon gibt es
Informationen, Rat und Hilfe.
ALFA-Telefon: 02 51 / 53 33 44

www.ich-will-schreiben-lernen.de
Wer Lesen und Schreiben üben will,
kann dies unter dieser Internet-Adresse tun.

Übersicht über weitere Titel

Das kann doch jeder!	554601-X
Ein Wort, zehn Cent	554602-8
Eine Mauer aus Buchstaben	554603-6
LIEBE ohne E	554604-4
Verlass dich nicht auf mich!	554605-2
Wenn die Wörter Samba tanzen	554606-0
ABC olé!	554607-9
Das Kreuz mit der Schrift (Fernseh-Serie auf DVD)	554622-2